Género Fantasía

I0902705

Pregunta esencial

¿Cuándo nos puede ser útil aprender sobre la naturaleza?

Mundos de arena

Ángela María Pérez Beltrán
ilustrado por Rogério Borges

Capítulo 1

Del laboratorio al desierto

En una escuela, la maestra de Ciencias, la señora Jaramillo, invitó al grupo de sus más destacados alumnos a hacer un experimento. Recibió en el laboratorio de proyectos científicos a Javier, Daniel, Mónica y Felipe; los niños llegaron sin saber qué iban a hacer ese día. La señora Jaramillo les mostró un montón de arena que se encontraba sobre el piso, en el centro del salón. Les dijo que, al soplar la arena, se trasladarían a diferentes lugares del mundo.

La maestra y los alumnos soplaron al mismo tiempo y se vieron de pronto en el extenso desierto del Sahara. Ella les contó que este lugar es muy cálido durante el día; incluso, parece que hirviera. También mencionó que, en el Sahara, la temperatura baja significativamente durante la noche. Luego comentó que la mayoría de sus habitantes son nómadas, esto significa que van de un lugar a otro sin establecer residencia ni cultivar. Entonces Javier, con su índice derecho, señaló un grupo de hombres que avanzaban lentamente montados sobre camellos; otros caminaban al frente, como si guiaran la caravana. Todos estaban vestidos con túnicas y turbantes.

—Muchas personas que andan por el desierto se visten de blanco, porque ese color refleja la luz del sol, evitando así la absorción del calor. También hay personas que se visten de azul índigo. El índigo es un colorante vegetal que se disuelve con las altas temperaturas e impregna la piel. De este modo, las personas transpiran mucho menos y pueden sobrevivir en condiciones extremas, pues no se deshidratan —dijo Javier.

Los niños se asombraron de los conocimientos de su compañero. Enseguida, la señora Jaramillo les dijo que buscaran en sus mochilas si traían ropa apropiada para el lugar. Los chicos encontraron túnicas y turbantes blancos y azules, se cambiaron y continuaron entusiastas su aventura por el Sahara junto a los hombres que iban en la caravana.

Capítulo 2

Disfrutar de la playa

La señora Jaramillo y sus alumnos avanzaron a través de la arena del desierto con el grupo de hombres y llegaron hasta un oasis, donde pudieron descansar y tomar agua. Allí, los chicos y su maestra pudieron observar de cerca a los camellos.

—Observen los ojos de los camellos. Las pestañas son crespas y están dispuestas en doble fila para detener la arena y así proteger los ojos. Las cejas son muy pobladas; son como un escudo que detiene los rayos del sol. Además tienen una joroba en la que almacenan grasa y agua —comentó Javier.

Una vez más, sus amigos quedaron impresionados por lo que Javier comentaba. Después de escucharlo decidieron aprovechar sus turbantes y, con la punta de tela que quedaba suelta, se cubrieron la cara. Apenas dejaron un espacio suficiente, a la altura de los ojos para poder ver. Ataviados de tal forma, se sintieron realmente como habitantes del desierto. Luego, tomaron más agua del oasis, comieron algunos dátiles y se despidieron de los hombres y sus camellos.

Después de avanzar unos metros, Mónica sacó una brújula de su mochila y observó la dirección que indicaba. Decidieron dirigirse al sudeste. En breves instantes, el grupo se encontró en un paraje formado por hermosos valles y rodeado de verdes montañas. Luego vieron pasar unos ríos y, más adelante, encontraron un manglar; siguieron caminando hasta la costa, donde observaron unos arrecifes de coral. Por último, encontraron una playa de arena muy fina y blanca.

Después de apreciar la belleza de la naturaleza, se sintieron agobiados por el calor y notaron que había mucha humedad. Tenían sed y hambre, y se sentían algo cansados.

—Amigos, aquí tengo agua, es dulce y puede calmar nuestra sed —dijo Felipe, mostrando dos cantimploras verdes que había llenado de agua en los ríos.

Se acomodaron debajo de una palmera para descansar y tomar agua. De pronto, Daniel quiso saber la hora, pero ninguno tenía reloj. Felipe se puso de pie y habló así.

—Por favor, mírenme y fíjense si mi cuerpo proyecta alguna sombra —indicó.

—No hay sombra —contestaron al mismo tiempo Javier, Mónica, Daniel y la señora Jaramillo.

—Entonces, tiene que ser mediodía. Amigos, ahora ya sabemos la hora —dijo Felipe.

Los amigos sonrieron y comenzaron a hablar de las diversas experiencias que cada uno había tenido al visitar reservas y parques naturales.

—Tengo un hambre feroz —manifestó Mónica.

A Felipe se le ocurrió una idea: sugirió buscar alimentos en el lugar. Daniel y Javier fueron a pescar. La señora Jaramillo fue a buscar algún vegetal comestible. Mientras tanto, Felipe tuvo una idea ingeniosa. Le pidió ayuda a Mónica para hacer un hoyo en el suelo. Luego, buscaron unas piedras lisas que estuviesen calientes por el sol y con unos palos secos prendieron fuego para calentarlas aún más. Pronto, una columna de humo gris empezó a elevarse por el aire.

Cuando la señora Jaramillo divisó el humo, regresó rápidamente al lugar. Venía cargada con plátanos y hojas de palma de plátano. Poco después llegaron Daniel y Javier con tres pescados que ya habían limpiado y despojado de escamas al borde del mar.

Felipe tomó los plátanos y los pescados y los envolvió en las hojas de palma; colocó los envueltos en el agujero que habían cavado en la arena.

Detective del lenguaje	**Busca tres nombres propios en esta página. ¿Cómo sabes que son nombres propios?**

Después, Mónica y Felipe removieron con unos palos las piedras, que ya estaban bastante calientes, hasta hacerlas caer sobre los envueltos. Por último, cubrieron el hoyo con arena hasta la superficie.

—El calor de las piedras cocinará los alimentos y pronto disfrutaremos de una deliciosa y nutritiva comida —dijo Felipe.

Esperaron un rato y después, con mucho cuidado, retiraron la arena y las piedras hasta llegar a los envueltos. El olor que salía del hoyo era muy agradable y, cuando empezaron a comer, se quedaron sin palabras.

Estaban disfrutando de la comida, cuando de repente apareció un grupo de personas que se quedó mirándolos con una expresión de asombro. Un hombre mayor que venía con en el grupo hablaba español y les dijo que estaban en Papúa, Nueva Guinea. Añadió que ellos también preparan sus alimentos en agujeros excavados en la tierra que cubren con hojas verdes, pues les parecía que esta forma de cocción le daba a la comida un sabor especial.

Capítulo 3

¿Arena negra?

—Somos papúas, los habitantes originales de esta maravillosa isla que está ubicada al nordeste de Australia. Nos gustan la malanga y el ñame. También nos gusta el sagú, una fécula que extraemos de una palmera. En ocasiones especiales, consumimos cerdo. Tradicionalmente, preparamos los alimentos como ustedes lo están haciendo —dijo el hombre, quien parecía ser el líder del grupo.

Ante el asombro de unos y otros, la señora Jaramillo saludó con mucha amabilidad a los nativos. Luego, Felipe comentó:

—Esta manera de cocinar la vi en un documental en televisión y me pareció muy interesante.

—Lo es, pues los alimentos conservan todos sus nutrientes; además quedan deliciosos. Y ustedes, ¿cómo llegaron a este lugar? ¿De dónde vienen? ¿Piensan poblar esta playa? —preguntó el hombre con curiosidad.

Ante la sorpresa de los chicos y la señora Jaramillo, los papúas soltaron una estruendosa carcajada. La señora Jaramillo respondió que solamente estaban de paso. Entonces Felipe y sus amigos recogieron todo, dejando la playa limpia. De pronto, empezó a llover y tuvieron que despedirse.

Cuando cesó la lluvia, Mónica buscó de nuevo la brújula y, en esta ocasión, decidieron que el destino de su viaje sería el nordeste. Así que se prepararon para una nueva y desconocida aventura, pues aún no sabían adónde se dirigían.

Detective del lenguaje	**Identifica el tiempo verbal del verbo en la frase subrayada.**

Inesperadamente, la señora Jaramillo y sus alumnos se vieron en un gran *ferry*.

El *ferry* avanzaba a buena velocidad. Los cinco viajeros se pusieron a observar el tranquilo paisaje: vieron el mar, espumoso y tranquilo, y algunas montañas azuladas en el horizonte. Durante el trayecto no oyeron voces de otros pasajeros, pero sí pudieron escuchar por los parlantes la voz melódica de un cantante, Daniel lo reconoció y comentó que en su casa escuchan habitualmente este tipo de música.

—Es Ismael Rivera, el músico puertorriqueño. Compuso muchas canciones muy bonitas. Mi papá también lo llama "el Sonero Mayor" —afirmó Daniel.

Siguieron escuchando la música mientras disfrutaban de la brisa. Cuando se estaban acercando a una isla, el *ferry* redujo la velocidad y atracó en un puerto. El grupo se bajó y caminó por el muelle, donde encontró un automóvil todo terreno que podía desplazarse por terrenos quebrados o barrosos, por los que otros vehículos no podrían.

La señora Jaramillo notó que el automóvil tenía las llaves puestas e invitó a sus alumnos a subir. Empezó a conducir por una carretera flanqueada por casas sencillas de un solo piso. La señora Jaramillo siguió la dirección de la carretera hasta llegar a la parte alta de una colina. Una vez allí, detuvo el vehículo, todos se bajaron y empezaron a caminar.

A medida que se alejaban del vehículo, podían escuchar el sonido de las olas con mayor claridad. Entonces notaron que estaban en lo alto de un pequeño acantilado.

La señora Jaramillo les pidió que apreciaran los elementos de la naturaleza que se observaban desde ese lugar.

La vista era magnífica, desde esa altura podían observar los movimientos rítmicos de las olas que se estrellaban contra la costa y cómo los rayos de sol brillaban como piedras preciosas en la superficie del agua.

De repente, Mónica detuvo su vista en la playa y notó algo extraño. Empezó a gritar emocionada:

—¡Miren, miren abajo! Es el único lugar donde la playa es de arena negra.

—¡No lo puedo creer! Bajemos para observar de cerca, puede que encontremos la causa de esta coloración, pero primero debemos cambiarnos de zapatos y usar algo más seguro porque esta bajada se ve resbaladiza —propuso Javier.

Al llegar a la playa negra, los chicos se quitaron los zapatos para disfrutar de la arena. Mientras tanto, Mónica sacó la brújula de su mochila para ubicarse.

Los niños jugaron dichosos en la playa y la señora Jaramillo se sentó en una roca para mirar cómo los pelícanos caían en picada al mar. Por su parte, Mónica empezó a caminar observando la brújula con movimientos nerviosos, que reflejaban su preocupación. Después de unos minutos llamó a todos sus compañeros y a la señora Jaramillo.

—Miren la brújula, ¿qué notan? —les preguntó Mónica.

Sus compañeros observaron que la brújula giraba sin parar. Daniel comentó que tal vez la brújula se había dañado porque había tenido que viajar mucho, pero Mónica no quedó satisfecha con esa explicación. Entonces, les propuso que la siguieran por la playa. De repente, les pidió que se detuvieran, y rápidamente sacó de su mochila un imán. Se agachó y lo acercó a la arena. Todos vieron cómo el imán atraía los minerales de la arena.

—Esta playa de arena negra debe tener magnetita, un mineral de hierro natural; esta es la razón por la cual el imán atrae minerales de la arena. Es posible que el campo magnético de esta playa sea muy fuerte y por eso la brújula esté como loca —concluyó Mónica con una sonrisa.

Capítulo 4

¡Bancos de arena!

—Bien, Mónica, ahora piensa en una fórmula para que la brújula deje de girar —dijo la señora Jaramillo.

—Muy fácil, maestra. Solo debemos alejarnos de la magnetita —contestó Mónica.

—Perfecto. Disfrutemos unos minutos más de esta playa antes de marcharnos —replicó la señora Jaramillo.

Mónica y sus amigos brincaron y jugaron en la arena, y luego se zambulleron vestidos en el mar. Cuando salieron, vieron a un joven muy alto y delgado que trotaba por la playa; le preguntaron dónde estaban y él les contestó:

—Están en Playa Negrita, en la isla de Vieques, Puerto Rico.

Luego, la señora Jaramillo y sus alumnos se alejaron de la playa negra, todos estaban felices con esta nueva experiencia. Nunca habían estado en una playa con magnetita.

Tiempo después llegaron a una playa de arena blanca donde encontraron una barca. Decidieron subirse a ella, pero no encontraban los remos. A Javier se le ocurrió buscar entre unos matorrales y felizmente los encontró.

Subieron a la barca y empezaron a remar sin saber dónde estaban ni a dónde se dirigían; solo sabían que estaban avanzando con la corriente. En ese momento se encontraban en un pequeño curso de aguas claras.

—Mónica, préstame la brújula, por favor —solicitó Felipe.

Cuando la tuvo entre sus manos, observó que ya se había calmado y que señalaba el sudeste. Felipe compartió la información con los demás. Mientras tanto, Daniel notó que no se percibía el aroma salobre propio del mar.

—El aroma de esta agua es diferente a la de Playa Negrita. Es posible que estemos navegando por aguas dulces —observó Daniel.

—¿Podría ser un río? —preguntó Javier.

—Debemos seguir observando, solo así podremos sacar conclusiones correctas —respondió Daniel como si fuera un científico experto en ríos.

Los viajeros desconocían su nuevo destino. Sin embargo, querían disfrutar de esta nueva experiencia.

Todos observaron que el pequeño curso de aguas claras estaba creciendo. También se dieron cuenta de que el agua había adquirido un color diferente, algo parecido al pardo rojizo. El hecho llamó su atención.

Daniel sacó de su mochila un frasquito de vidrio, tomó una muestra de agua y la miró a contraluz. De repente, sonrió y se dirigió a la señora Jaramillo y sus compañeros:

—El agua ha cambiado de color porque se ha cargado de aluviones y partículas orgánicas; esto se debe a las lluvias y a la misma corriente que arrastra materiales, tierra y arena de las áreas más altas a las más bajas.

Después de recibir esta explicación, todos se concentraron en otros detalles: vieron peces, aves, algunos árboles y arroz silvestre. También cayeron en la cuenta de que el paisaje cambiaba a lo largo del curso del río. Súbitamente se encontraron con una isla. Y luego con otras dos más.

—¿Islas en un río? No es posible —dijo Felipe con cara de asombro.

Javier, Mónica y Felipe pensaban que las islas solo estaban en el mar, pero Daniel les explicó que una isla fluvial se forma cuando se acumulan sedimentos de arena o grava. También les dijo que la mayoría de estas islas son alargadas y estrechas por la constante corriente de agua.

—Además —continuó Daniel—, este tipo de islas van cambiando de forma según lo que arrastre el agua del río, por efecto de las lluvias o cuando la vegetación comienza a cubrirlas. Algunas llegan a ser tan grandes que los campesinos las aprovechan para criar ganado en ellas y explotar cualquier variedad de árboles que crezcan en ellas. También las usan para sembrar cultivos que crecen mejor en ambientes húmedos. Las islas tienen ecosistemas muy ricos.

Todos estaban absortos en el tema, cuando la embarcación se detuvo de repente. Javier y Felipe se esforzaron por remar con fuerza, pero la barca no avanzaba. Daniel se dio cuenta de que habían encallado: no se movían porque el lugar era poco hondo, y la embarcación estaba varada en la arena.

Mónica propuso aprovechar el inconveniente para bajar a la isla y descansar un rato allí, mientras buscaban una solución. A los demás les pareció una buena idea. Una vez en tierra, examinaron las plantas, observaron las aves y se recostaron unos minutos sobre la arena.

Este momento y este lugar me recuerdan al libro *Las aventuras de Huckleberry Finn* —dijo la señora Jaramillo.

—Sí, maestra —afirmó Daniel—. En ese libro de Mark Twain llamaban bancos de arena a las islas que, como esta, pueden encontrarse en el río... río... mmm.. río...

—Mississippi —dijeron al unísono Javier, Mónica y Felipe.

Luego, Daniel propuso que partieran. Sugirió que Javier, la señora Jaramillo y él impulsaran la embarcación con los remos, mientras Mónica y Felipe los dirigían desde su interior.

Finalmente, lograron desencallar y la barca retomó el curso suavemente con todos adentro.

De repente, aparecieron al lado de la pila de arena, en el laboratorio de proyectos científicos. Entonces, emocionados, empezaron a hablar de las experiencias tan maravillosas que habían vivido y de todas las cosas valiosas que habían aprendido. ¡Todavía les parecía increíble haber viajado de esa manera!

Decidieron escribir su historia para que sus otros compañeros la conocieran y se interesaran cada vez más en la clase de Ciencias. Ellos, por su parte, continuaron investigando sobre la naturaleza, pues querían visitar otros lugares, como los mundos de agua de los océanos, los de hielo de los polos y las montañas más altas, los mundos subterráneos adonde no llega la luz del sol... O, por qué no, los mundos de otros planetas y las estrellas.

Respuesta a la lectura

Resumir

Usa los detalles más importantes de *Mundos de arena* para resumir el cuento. Puedes usar el organizador gráfico como ayuda.

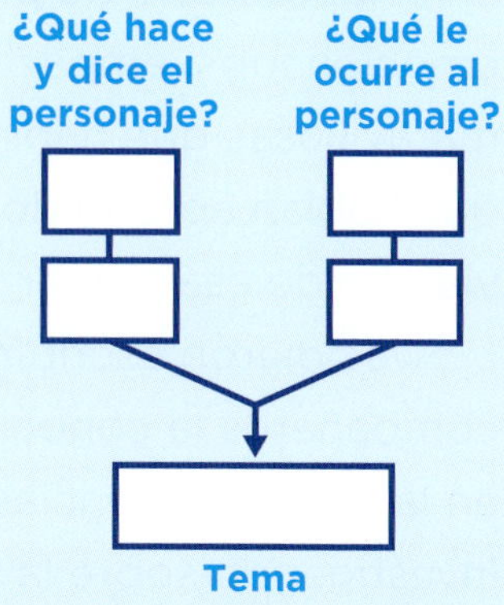

Evidencia en el texto

1. ¿Cómo sabes que *Mundos de arena* es un cuento de fantasía? Identifica tres caracteríscas que te lo indiquen. **GÉNERO**

2. ¿Por qué puedes afirmar que Felipe conoce la naturaleza? ¿Cómo ayuda a resolver las dudas de sus compañeros de aventura? **TEMA**

3. ¿Qué comparación ayuda a explicar el significado de la palabra *bancos de arena* en la página 16? **COMPARACIONES**

4. Escribe acerca de la fórmula, sugerida por Mónica en Playa Negrita, que ayuda a la brújula a funcionar correctamente. **ESCRIBIR SOBRE LA LECTURA**

Género Texto expositivo

Compara los textos

Lee acerca de los científicos que están ayudando a salvar una especie en peligro de extinción.

Kakapo: Un loro muy especial

El kakapo de color verde musgo es un loro extraño que no vuela. Vive únicamente en Nueva Zelanda, en el Pacífico sur.

Desde el siglo XIX, los conservacionistas se dieron cuenta de que el kakapo estaba enfrentándose a la extinción. Depredadores como los armiños y las comadrejas, introducidos en Nueva Zelanda para controlar a los conejos, podían atraparlo fácilmente porque es lento y vive en el suelo.

Información sobre los kakapos

- Los kakapos son los loros más grandes del mundo: pueden llegar a pesar hasta 9 libras.
- Los kakapos no pueden volar, pero pueden treparse a los árboles.
- Los kakapos son nocturnos (el nombre kakapo significa "loro nocturno" en maorí).
- Los colores de camuflaje del kakapo indican que no puede ser visto fácilmente en su entorno natural.
- El kakapo tiene un olor característico, gracias al cual los depredadores logran localizarlo fácilmente.

Richard Henry fue uno de los primeros conservacionistas que intentó salvar al kakapo. Él trasladó cientos de estos pájaros a isla Resolución porque creía que estaba libre de depredadores. Desafortunadamente, los armiños eran mejores nadadores de lo que la gente pensaba y el santuario fracasó.

Más de setenta años después del fallido intento de Richard Henry, se intentó crear santuarios para los kakapos, a cierta distancia de la costa. Una de las islas elegidas fue Codfish, una isla del sur de Nueva Zelanda cercana a la isla de Stewart. Aproximadamente a 2 millas (3 kilómetros) de distancia de la isla Stewart, Codfish se encuentra ubicada lo suficientemente lejos para que los depredadores puedan nadar hasta allá.

Sur de Nueva Zelanda

Los primeros santuarios de kakapos se establecieron en las islas cercanas a la costa sur de Nueva Zelanda.

Los armiños son depredadores fieros que comen los huevos, los polluelos e incluso los adultos de los kakapos.

Los polluelos de kakapo tienen mayores tasas de supervivencia hoy en día de lo que era posible antes.

Los años de investigación han brindado a los científicos un mayor conocimiento acerca de los hábitos de crianza y alimentación de los kakapos del que había disponible cuando Richard Henry vivía.

Ahora saben que estos pájaros solo se crían bien en los años en los que hay muchas bayas en los árboles. Desde entonces han favorecido la crianza exitosa de los kakapos dándoles buenos sustitutos de su alimento natural del bosque.

También han encontrado formas de criar polluelos a mano. Muchos más han sobrevivido. Los científicos monitorean cuidadosamente qué y cuándo se les da de comer a los polluelos. Así descubren cuál combinación se traduce en polluelos más sanos.

La recuperación de los kakapos es una tarea difícil; sin embargo, el programa está logrando resultados. Por fin la población está aumentando y el número de kakapos traspasó el hito de los 100 en el año 2009.

Haz conexiones

¿Qué conocimiento específico de la naturaleza usó Richard Henry para intentar salvar a los kakapos? **PREGUNTA ESENCIAL**

Compara las formas como los personajes de *Mundos de arena* y los científicos de *Kakapo: Un loro muy especial* utilizan su conocimiento sobre la naturaleza. **EL TEXTO Y OTROS TEXTOS**

Enfoque: Género

Fantasía La fantasía es un tipo de ficción en que pueden existir otros mundos. Hay diferentes tipos de fantasías: desde relatos que acontecen en mundos antiguos, donde hay dragones y tesoros, hasta narraciones modernas en las cuales los personajes se desplazan en el tiempo o cambian su tamaño o forma.

En algunas narraciones, los seres humanos entran en otra realidad a través de un portal, como por ejemplo una misteriosa plataforma de tren o una grieta en una montaña, y deben encontrar formas de sobrevivir en ambientes diferentes al propio.

Lee y descubre Vuelve a leer la página 2 de *Mundos de arena* donde la señora Jaramillo y sus alumnos, con solo soplar la arena, llegaron al desierto del Sahara. Vuelve a leer la página 3 cuando los niños encuentran en sus mochilas ropa apropiada para estar en el desierto. Estos hechos, que la autora relata en el cuento, jamás podrían ocurrir en la vida real.

Tu turno

Elige un personaje de *Mundos de arena*. Escribe una escena fantástica en la que participe. Puedes incluir objetos que hablan, viajes en el tiempo o animales fantásticos. Haz una ilustración de tu relato.